Copyright 2020 Morets Publishing
Speaking Palauan - BODY PARTS
"Ak Bleob el Tang"

For information visit SpeakingPalauan.com
Written by Kalista Marbou
Illustrations by Samuel H. Aka
ISBN: 9781736227220 (paperback) ISBN 9781736227213 (ebook)
Library of Congress Cataloging-in Publication- Data is available
Printed in the United States of America
10 9 8 7 6 5 4 3 2 1
First Edition December 2020

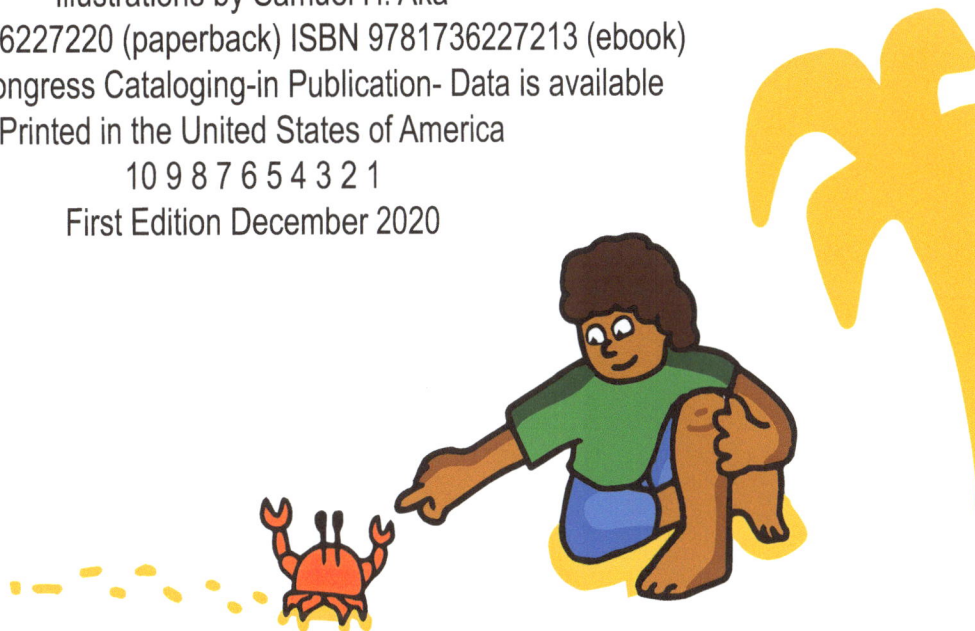

Speaking Palauan Books is a series of books by Morets Publishing.
These books are developed for
Palauan children, and those raised abroad to use as reading
materials and learning tools of the language.

Ak Bleob el Tang is a book on body parts presented in the vernacular.
It is an aid to help children learn the names of body parts
in both English and Palauan.
Parents are encouraged to read each word in both
languages with their children while identifying each given
body part shown by image provided. The goal is for children to develop
bilingual proficiency in reading, speaking and writing skills.

.

OMINGEL A KLEKEDELLEL A BEDENGED
THE MAIN BODY PARTS

BEDUL	HEAD
CHIKL	NECK
CHIM	HANDS
CHELECHEDAL	TORSO
OACH	FEET

A BEDUL A NGARNGII A:

THE HEAD HAS:

OLECHELLEL	CROWN OF HEAD
CHUI	HAIR
TECHEL A BDELUD	SCALP
BTIL A BDELUD	BACK OF HEAD
MAD	FACE

Olechellel
Crown of Head

Chui
Hair

Techel a Bdelul
Scalp

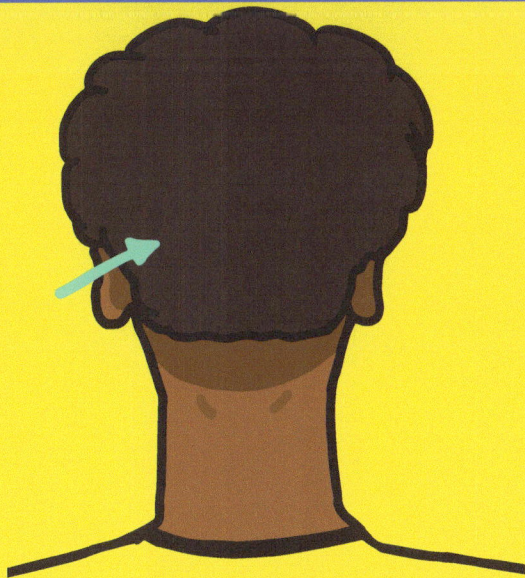

Btil a Bdelul
Back of Head

Mad
Face

A MAD A NGAR ER NGII A:

THE FACE HAS:

MEDAL A BDELUD	FOREHEAD
MAD EL OMES	EYES
DING	EARS
OTANG	CHEEKS
IIS	NOSE
NGOR	MOUTH
OMELLEL	CHIN

MAD IS FOR BOTH FACE AND EYES

Medal a Bdelul

Forehead

Mad

Eyes

Ding
Ear

Otang
Cheek

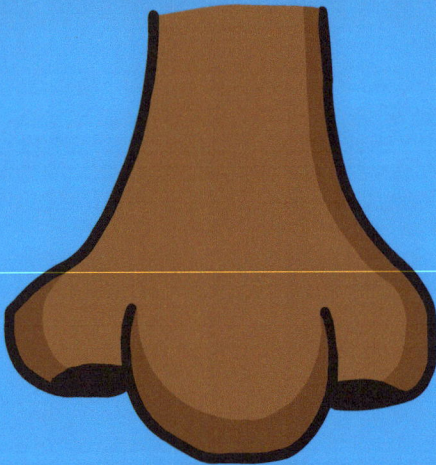

Iis
Nose

Ngor
Mouth

Omellel

Chin

A MAD EL OMES A NGAR ER NGII A:

THE EYE HAS:

ENGEDEL	EYEBROW
DENGEBEL	EYELID
BSECHEL	EYELASH
CHELSUL	PUPIL
KEMRIL	OUTSIDE CORNER OF EYE

Engedel a Mad

Eyebrow

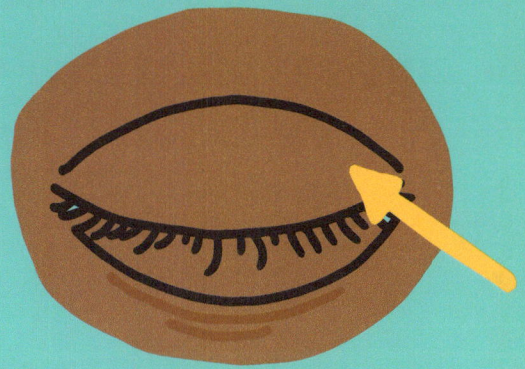

Dengebel a Mad

Eyelid

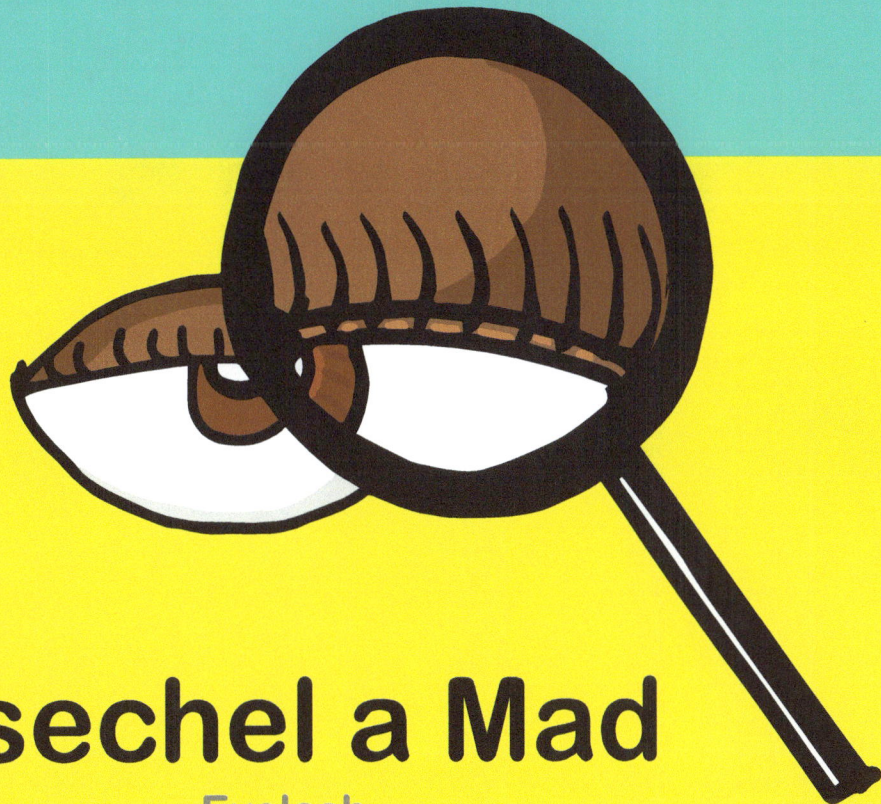

Bsechel a Mad

Eyelash

Chelsul a mad

Pupil

Kemril a Mad

Outside Corner of Eye

A NGOR A NGAR ER NGII A:

THE MOUTH HAS:

BERDEL	LIPS
CHUR	TONGUE
UINGEL	TEETH
TECHEL A UINGEL	GUMS

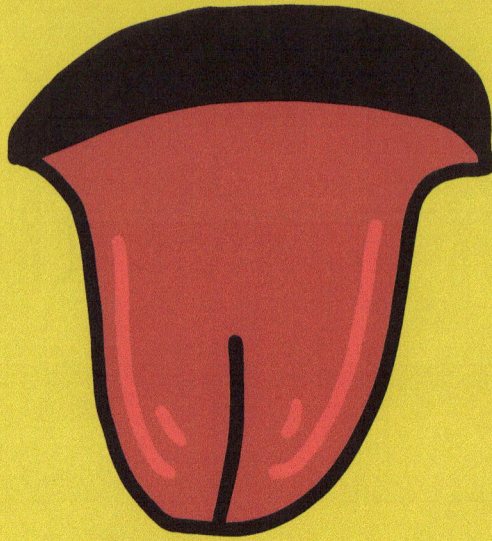

Chur

Tongue

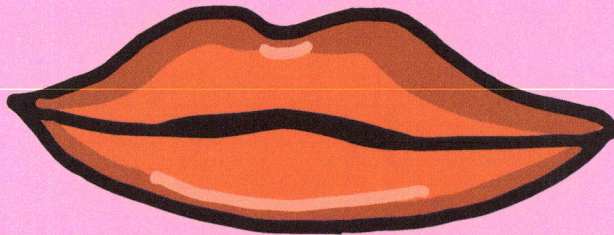

Berdel a Ngor

Lips

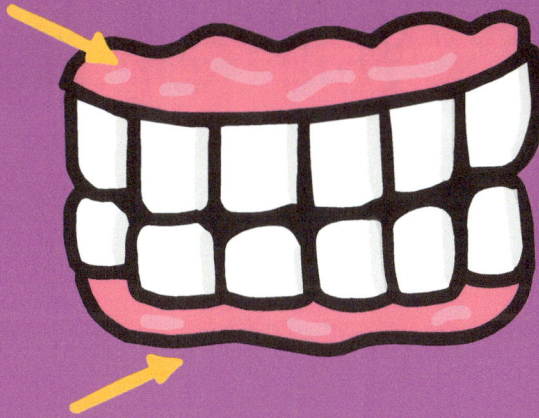

Techel a Uingel

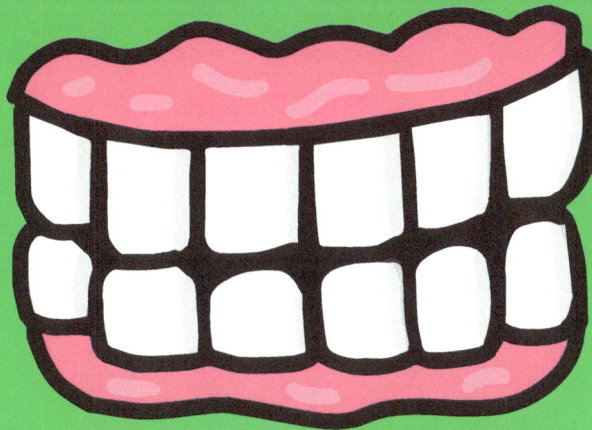

Gums

Uingel

Teeth

A DING A NGAR ER NGII A:

THE EAR HAS:

CHELBEDEL   EARLOBE

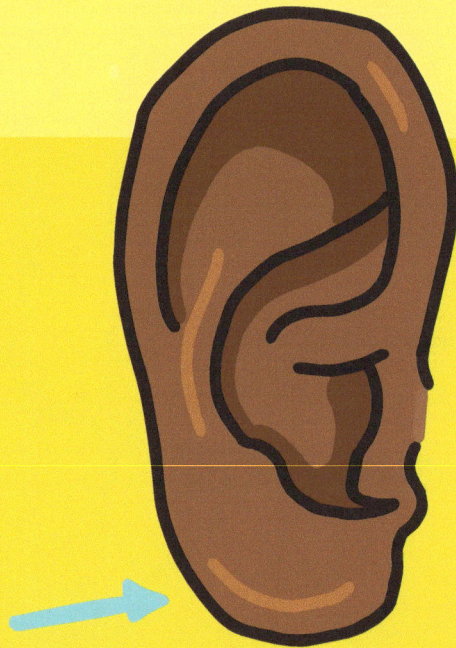

Chelbedel a Ding

Earlobe

A IIS A NGAR ER NGII A:

THE NOSE HAS:

MEDAL A IIS   TIP OF NOSE

BELSIBSELEL   NOSTRIL

Medal a Iis

Tip of Nose

Belsibselel

Nostril

A CHIKL A NGAR ER NGII A:

THE NECK HAS:

OMERKAOL   THROAT

OMDAEL   NAPE OF NECK

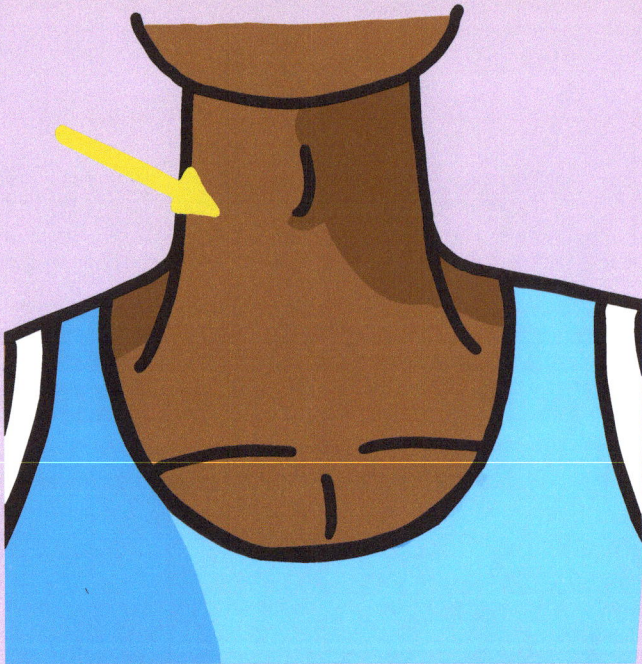

Omerkaol

Throat

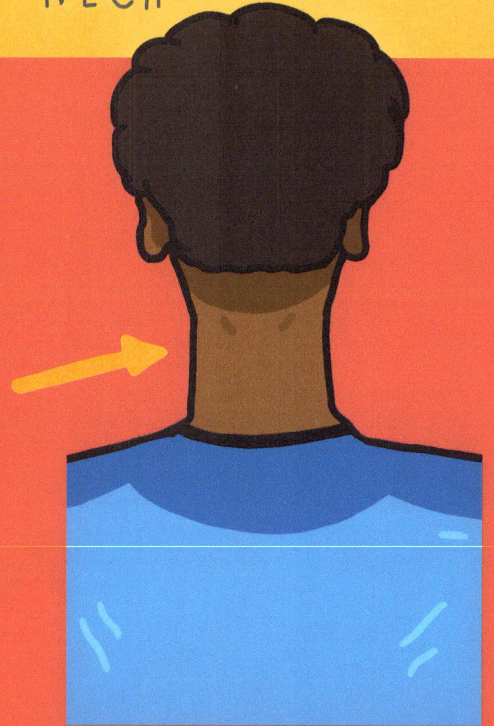

Omdael

Nape of Neck

A CHIM A NGAR ER NGII A:
THE ARM HAS:

UCHUL A CHIM	UPPER ARM
TELMEDEU	FOREARM
BKUL A CHIM	ELBOW
ONGELUNGEL	SHOULDER
CHEBESAL	ARMPIT

CHIM IS FOR BOTH HAND AND ARM

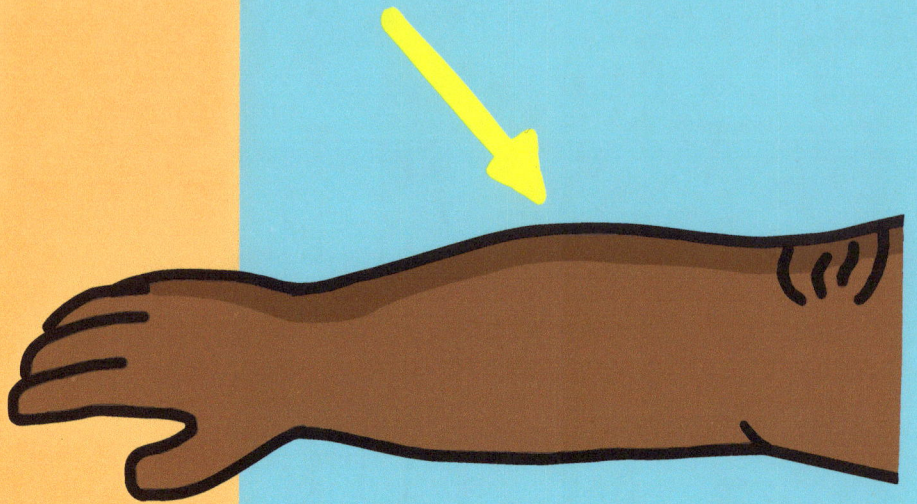

Telmedeu
Forearm

Uchul a Chim
Upper Arm

Bkul a Chim
Elbow

Chebesal
Armpit

Ongelungel
Shoulder

A CHELECHEDAL A NGAR ER NGII A:

THE TORSO HAS:

ULUL	CHEST
TUT	BREAST
KEKENGED	RIB
UULK	BACK
DIIL	ABDOMEN/BELLY
UUDES	BELLY BUTTON
SINGCH	WAIST
IDEKEL A BTID	BUTTOCKS

Ulul
Chest

Tuut
Breast

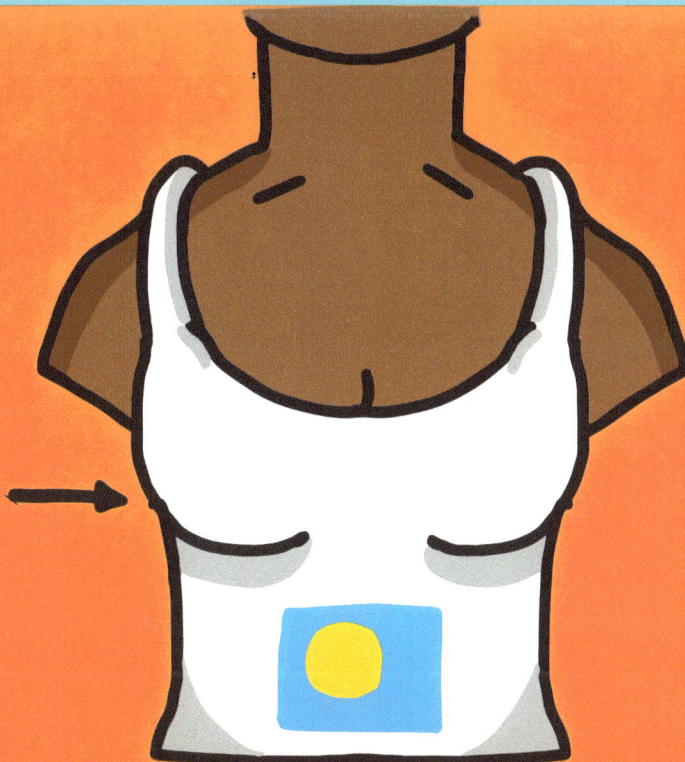

Kekengel
Rib

Uulk
Back

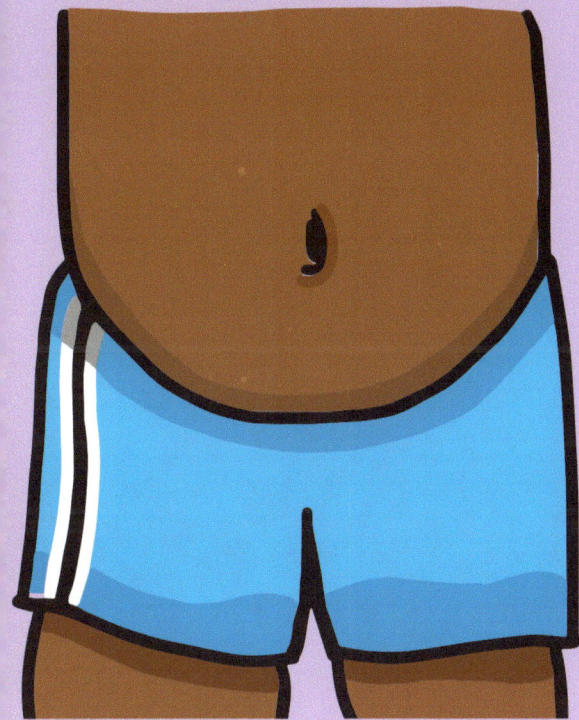

Diil
Belly

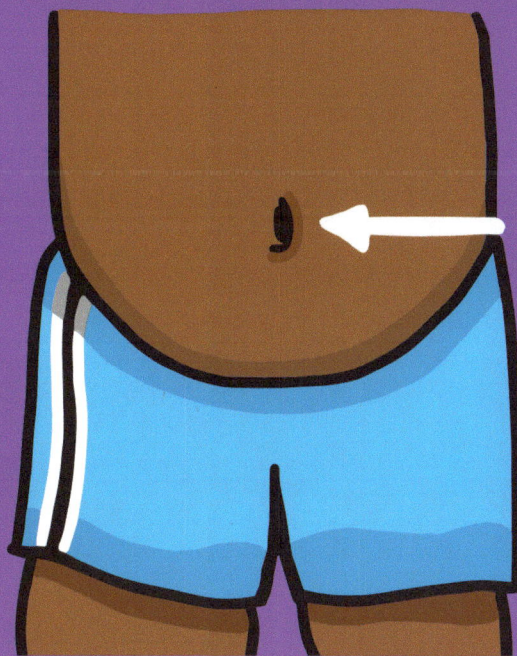

Uudes
Belly Button

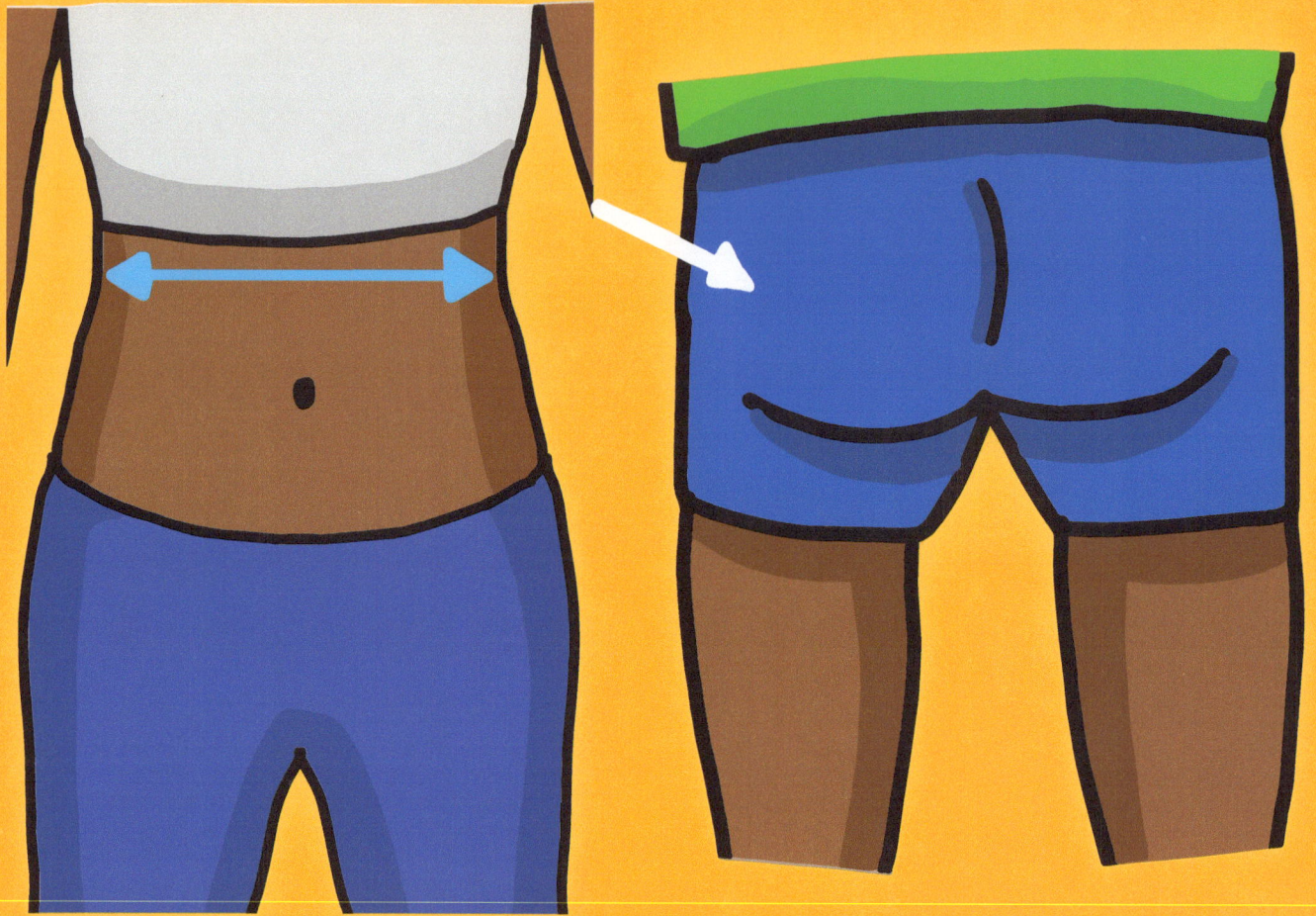

Singch
Waist

Idekel a btil
Buttocks

A CHIM A NGAR ER NGII A:

THE HAND HAS:

BEROBER BERBEREL A CHIM	WRIST
CHEROEL A CHIM	PALM
KLEMENGEL CHELDNGELEL A CHIM	FINGER
BKUL A CHIM	KNUCKLE
KEKUL A CHIM	FINGERNAIL
RSEL A CHIM	END OF HAND

Berober
Wrists

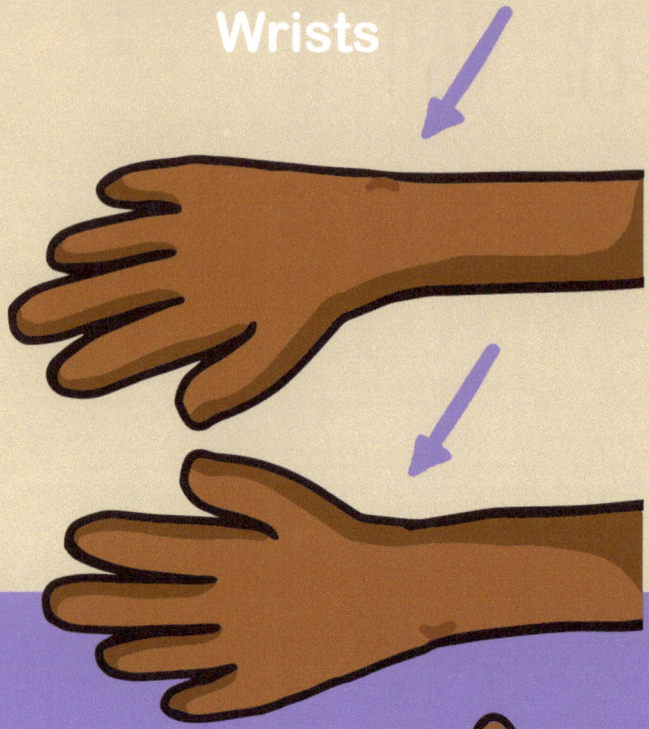

Cheroel a Chim
Palm

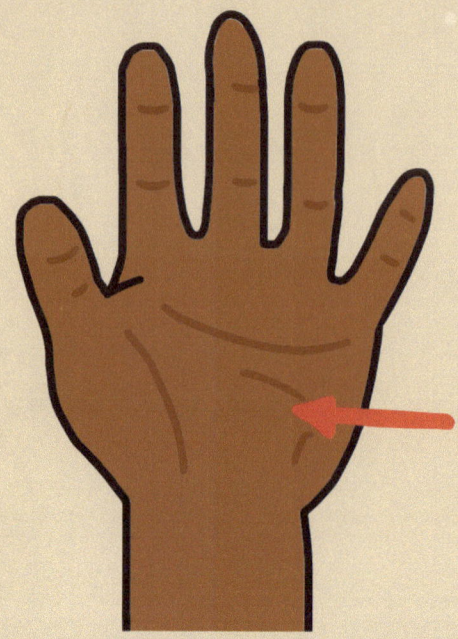

Klemengel
Fingers

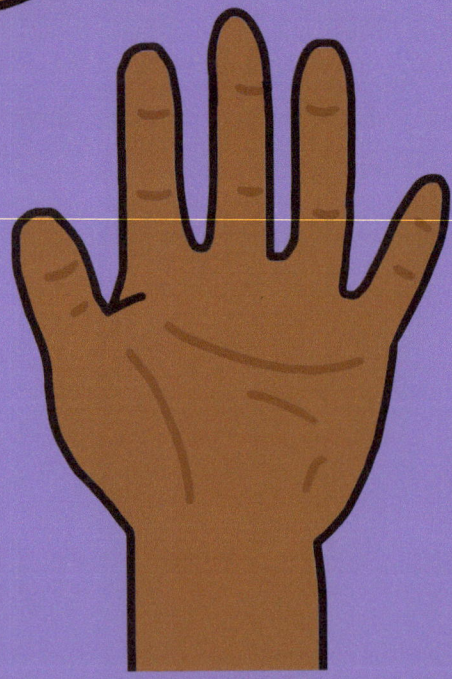

Bkul a Chim

Knuckles

Kekul

Nail

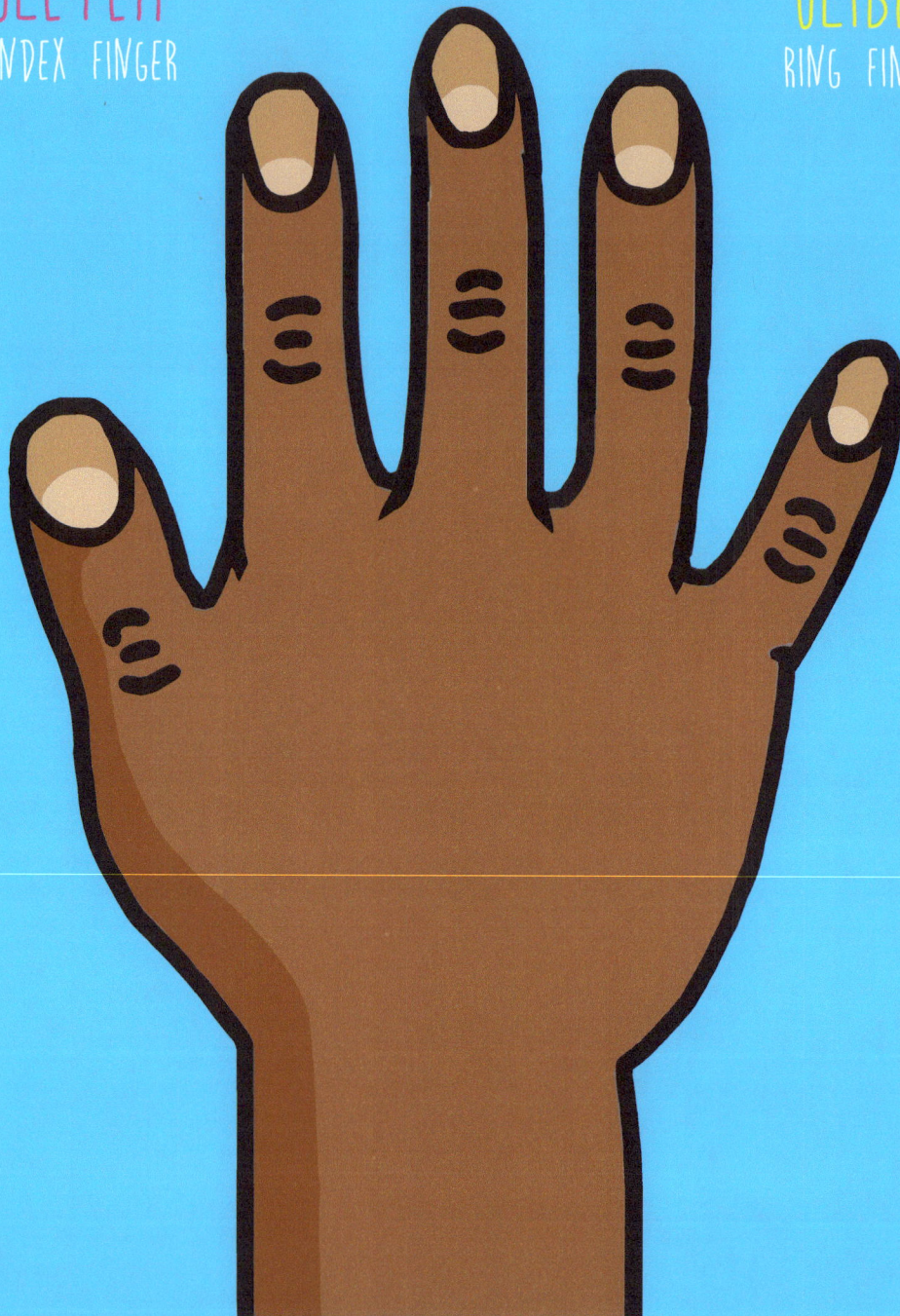

BECHOS
THUMB

OLETEM
INDEX FINGER

UCHEL
MIDDLE FINGER

OLIBEK
RING FINGER

NGALEK
PINKY FINGER

A OACH A NGAR ER NGII A:

THE LEG HAS:

UCHUL A OACH	THIGH
UCHAUCH	CROTCH
TEBARINGEL	SHIN
BKUL A OACH	KNEE
DELEL A OACH	CALF

OACH IS FOR BOTH LEG AND FOOT

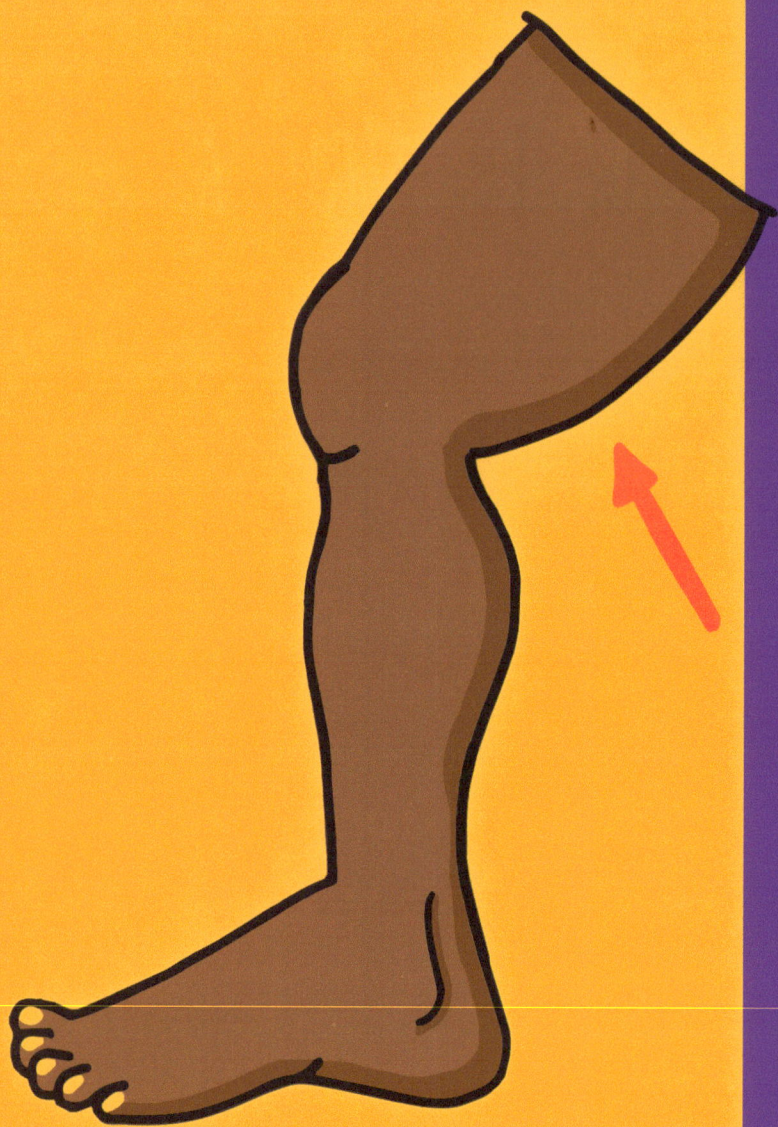

Uchul a Oach

Thigh

Uchauch

Crotch

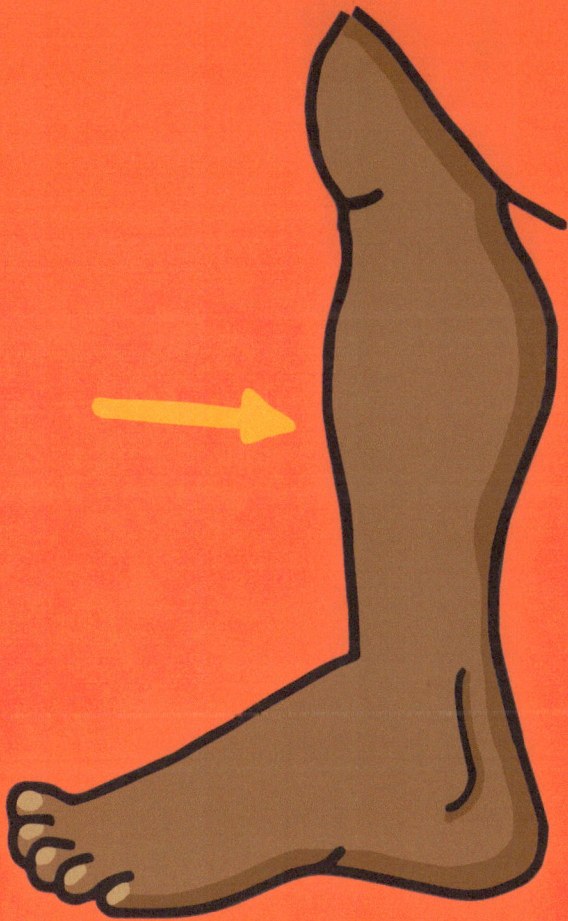

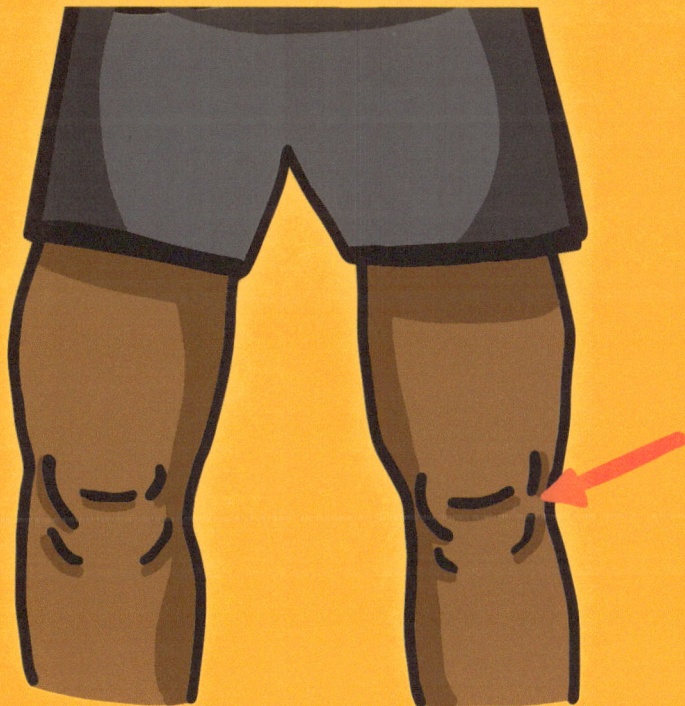

Tebaringel

Shin

Bkul a Oach

Knee

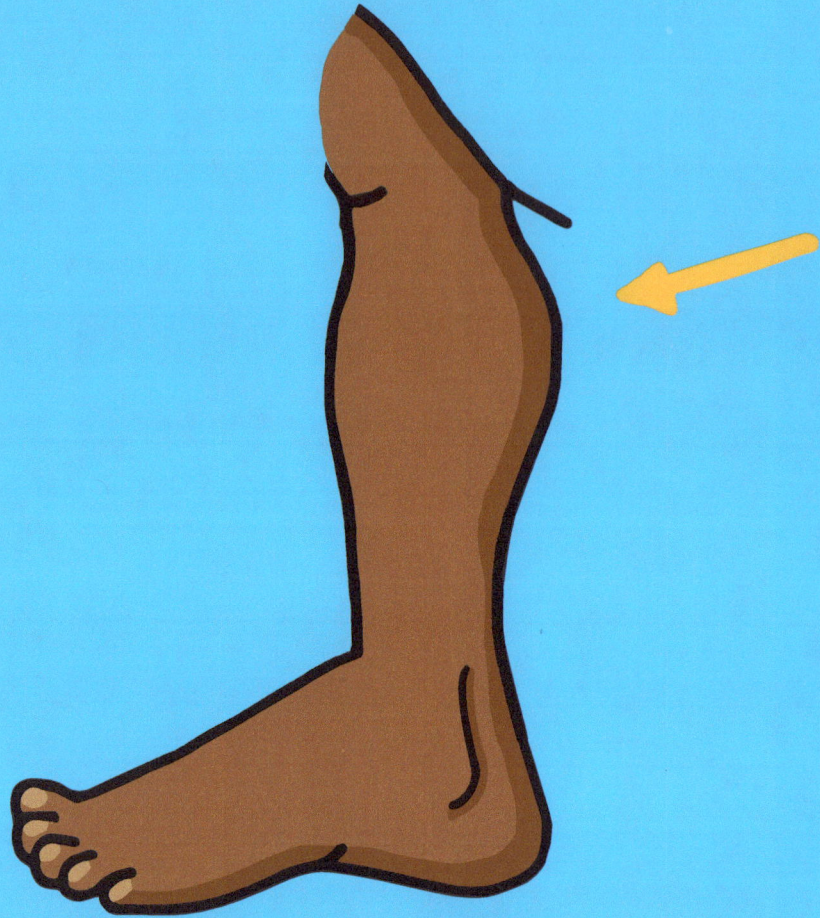

Delel a Oach

Calf

A OACH A NGAR ER NGII A:

THE FOOT HAS:

BEROBER	ANKLE
BESECHELEL	ANKLE BONE
CHEROEL	SOLE
KOTEL	HEEL
KLEMENGEL CHELDNGELEL	TOE
BECHOS	BIG TOE
KEKUL	TOE NAIL

Berober

Ankle

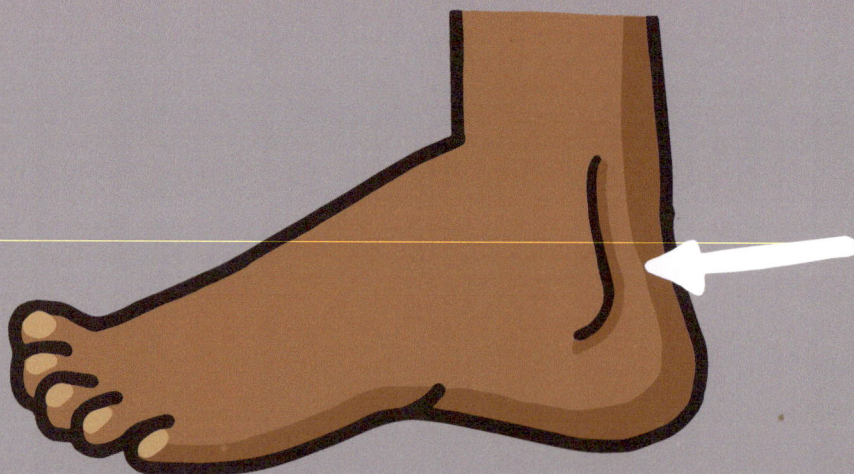

Besechelel

Ankle Bone

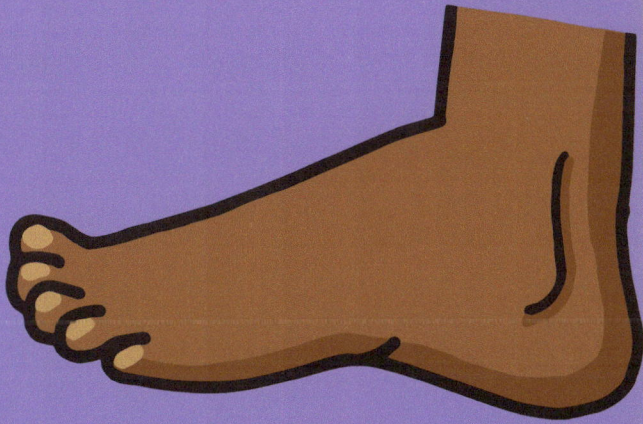

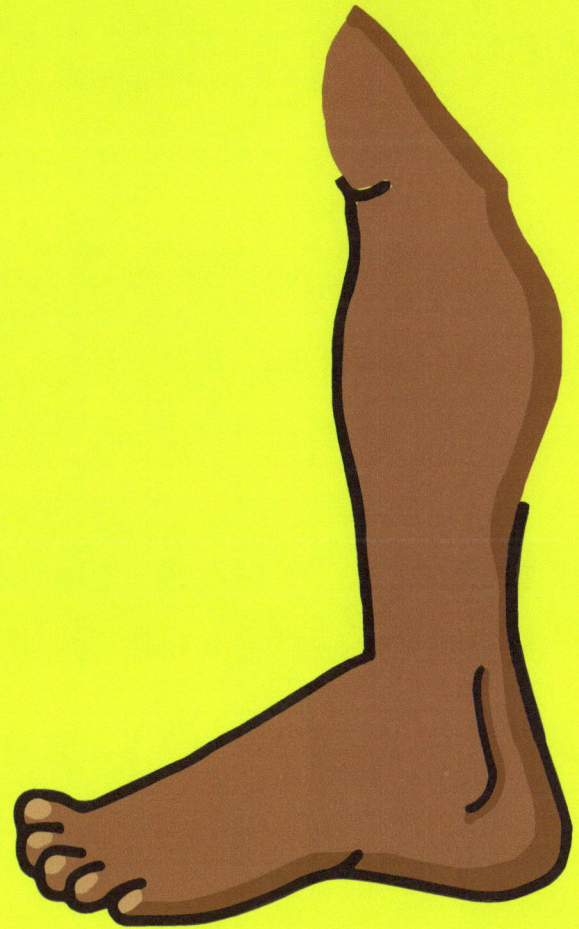

Cheroel
Sole

Kotel
Heel

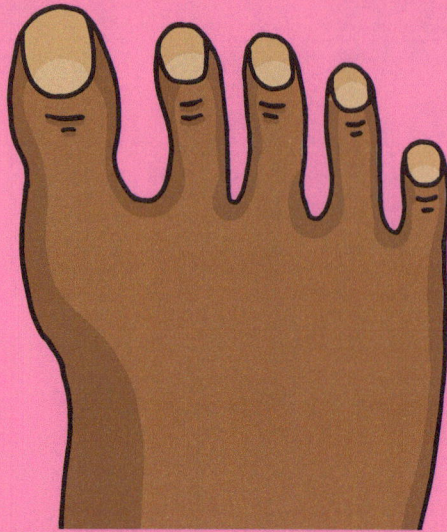

Klemengel

Toes

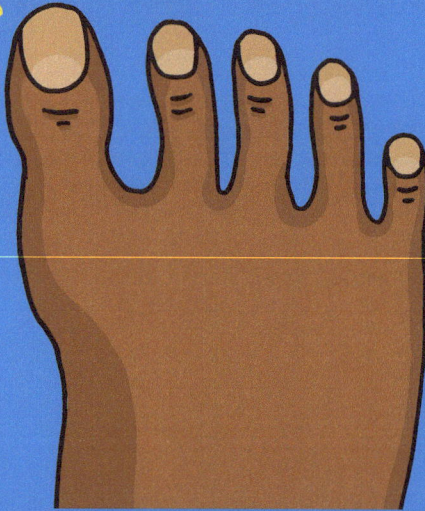

Bechos

Big Toe

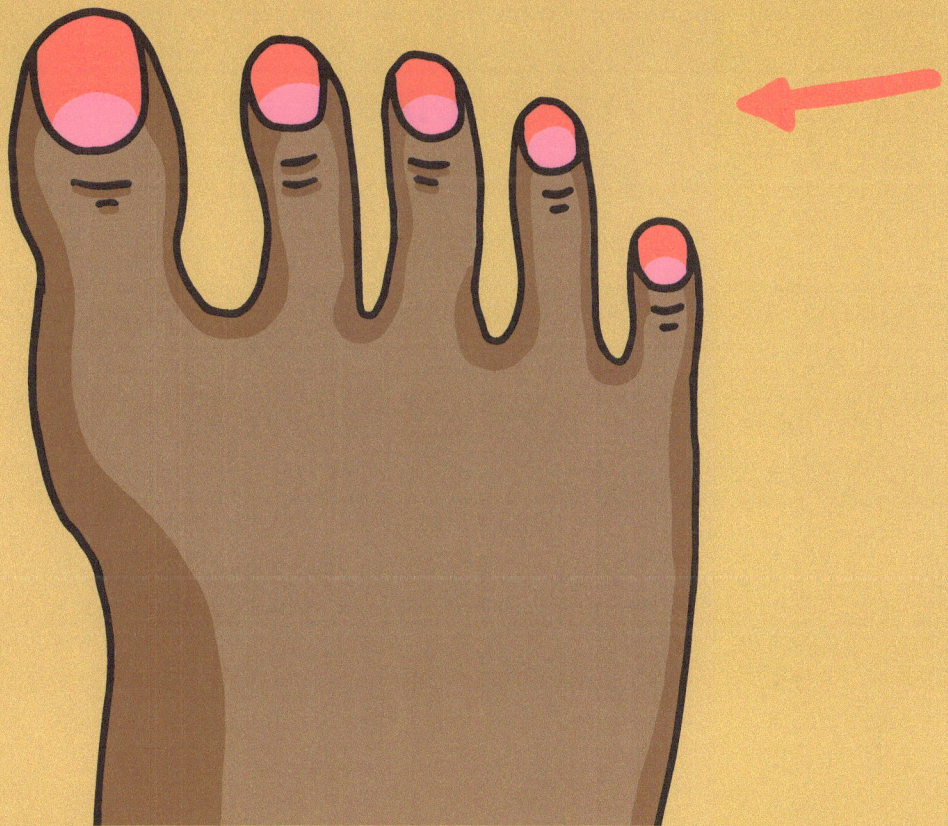

Kekul a Oach

Toe nail

A bedul me a iis
Me a ding me a ngor
Me a mad
Me a omerekaol

A uluk me a delek
Me a chim me a chim
Me a bereberel a chim

A oach me a bkul
Me a berober
A oltekau er a chelechedak
Me a bo kdechor e ak mesisiich
El e ak bleob el tang.

www.ingramcontent.com/pod-product-compliance
Lightning Source LLC
LaVergne TN
LVHW072055070426
835508LV00002B/99